Animales acorazados

La langosta

Lola M. Schaefer

Traducción de Patricia Cano

Heinemann Library
Chicago, Illinois

Published by Heinemann Library,
an imprint of Reed Educational & Professional Publishing,
Chicago, Illinois

Customer Service 888-454-2279
Visit our website at www.heinemannlibrary.com

Designed by Sue Emerson, Heinemann Library
Printed and bound in the U.S.A. by Lake Book

06 05 04 03 02
10 9 8 7 6 5 4 3 2 1

Library of Congress Cataloging-in-Publication Data
Schaefer, Lola M., 1950-
[Lobsters. Spanish]
La langosta / Lola Schaefer.
p. cm. — (Animales acorazados)
Index included.
Summary: A basic introduction to lobsters, discussing their physical characteristics, habitat, diet, and activities.
ISBN: 1-58810-857-0 (HC), 1-58810-819-8 (Pbk.)
1. Losbters—Juvenile literature. [1. Lobsters. 2. Spanish language materials.] I. Title.
II.Series: Schaefer, LolaM., 1950-. Musty-crusty animals. Spanish.
QL444.M33 S352418 2002
595.3'84—dc21
2001051481

Acknowledgments
The author and publishers are grateful to the following for permission to reproduce copyright material:
Title page, pp. 5, 10, 22 E. R. Degginger/Color Pic, Inc.; p. 4 Jane Burton/Bruce Coleman Inc.; p. 6 Marty Snyderman/Visuals Unlimited; pp. 7, 13, 14, 15, 20 Jeff Rotman Photography; p. 8 Jonathan Bird; p. 9 Robert E. Barber; p. 11 Bryan Hitchcock/National Audubon Society/Photo Researchers, Inc.; p. 12 Jonathan Bird/ORG; p. 16 Doug Perrine/Jeff Rotman Photography; p. 17 Andrew J. Martinez/Photo Researchers, Inc.; p. 18 Zig Leszczynski/Animals Animals; p. 19 Michele Hall/Howardhall.com; p. 21 George D. Lepp/Photo Researchers, Inc.

Cover photograph courtesy of Jane Burton/Bruce Coleman Inc.

Every effort has been made to contact copyright holders of any material reproduced in this book. Any omissions will be rectified in subsequent printings if notice is given to the publisher.

Special thanks to our bilingual advisory panel for their help in the preparation of this book:

Aurora García
Literacy Specialist
Northside Independent School District
San Antonio, TX

Argentina Palacios
Docent
Bronx Zoo
New York, NY

Ursula Sexton
Researcher, WestEd
San Ramon, CA

Laura Tapia
Reading Specialist
Emiliano Zapata Academy
Chicago, IL

Special thanks to Dr. Randy Kochevar of the Monterey Bay Aquarium for his help in the preparation of this book.

Unas palabras están en negrita, **así**.
Las encontrarás en el glosario en fotos de la página 23.

Contenido

¿Qué es la langosta? 4
¿Dónde vive la langosta?. 6
¿Cómo es la langosta? 8
¿Tiene concha la langosta? 10
¿Cómo es la textura de la langosta? . . 12
¿De qué tamaño es la langosta?. 14
¿Cómo se mueve la langosta?. 16
¿Qué come la langosta? 18
¿Cómo se reproduce la langosta? 20
Prueba 22
Glosario en fotos *23*
Nota a padres y maestros *24*
Respuestas de la prueba *24*
Índice. *24*

¿Qué es la langosta?

La langosta es un animal sin huesos.

Es un **invertebrado.**

La langosta tiene **patas articuladas.**

Las patas le sirven para andar y para agarrar el alimento.

¿Dónde vive la langosta?

Las crías de la langosta flotan en el mar.

Después, viven en el fondo del mar.

Unas langostas viven en huecos
entre las rocas.

Viven solas o con otras langostas.

¿Cómo es la langosta?

La langosta parece un insecto gigante.

El cuerpo es alargado y tiene **cola.**

La langosta tiene **antenas** largas para tocar, oler y probar el alimento.

Las langostas pueden ser de muchos colores.

¿Tiene concha la langosta?

A la parte de afuera de la langosta la llamamos "concha".

Pero en realidad es un caparazón, o **exoesqueleto**.

Cuando la langosta crece, el caparazón le queda pequeño.

La langosta deja ese caparazón y le crece otro.

¿Cómo es la textura de la langosta?

El caparazón de la langosta es duro y nudoso.

Las **pinzas** de la langosta son espinosas.

¿De qué tamaño es la langosta?

Las crías de la langosta son más pequeñas que un centavo.

¡Las langostas adultas pueden ser casi tan grandes como una mujer!

¿Cómo se mueve la langosta?

La langosta camina por el fondo del mar.

Puede caminar muchas millas.

La langosta puede enroscar la **cola** rápidamente.

Así se mueve hacia atrás.

¿Qué come la langosta?

La langosta come cosas blandas.

Come peces, gusanos y algas.

La langosta come animales del mar.

Come almejas y estrellas de mar.

¿Cómo se reproduce la langosta?

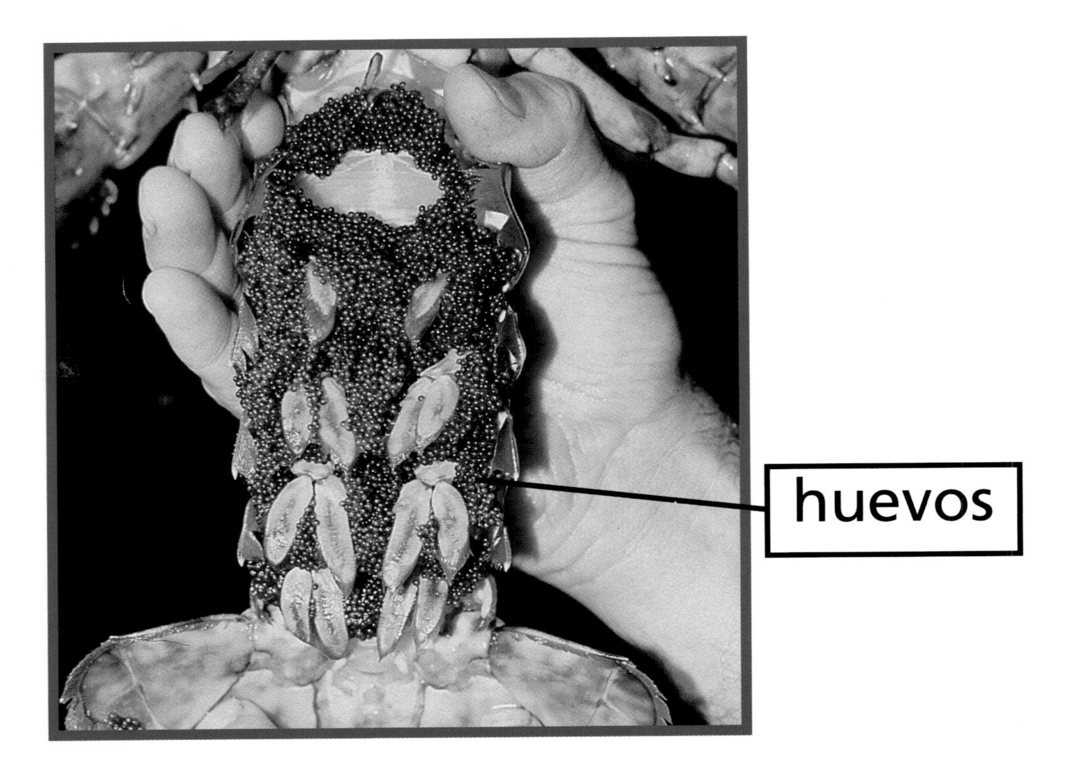

La hembra pone miles de huevos.

Los huevos se quedan en la cola de la langosta muchos meses.

Después, los huevos se van flotando.

De los huevos salen crías.

Prueba

¿Qué son estas partes?

Búscalas en el libro.

Busca las respuestas en la página 24.

? ? ? ?

Glosario en fotos

antena
página 9

invertebrado
página 4

pinza
página 13

pata articulada
página 5

exoesqueleto
página 10

Nota a padres y maestros

Leer para buscar información es un aspecto importante del desarrollo de la lectoescritura. El aprendizaje empieza con una pregunta. Si usted alienta las preguntas de los niños sobre el mundo que los rodea, los ayudará a verse como investigadores. Cada capítulo de este libro empieza con una pregunta. Lean la pregunta juntos, miren las fotos y traten de contestar la pregunta. Después, lean y comprueben si sus predicciones son correctas. Piensen en otras preguntas sobre el tema y comenten dónde pueden buscar la respuesta.

PRECAUCIÓN: Recuérdeles a los niños que no deben tocar animales silvestres. Los niños deben lavarse las manos con agua y jabón después de tocar cualquier animal.

Índice

antena 9
alimento 5, 9, 18–19
caparazón 10, 11, 12

Respuestas de la página 22

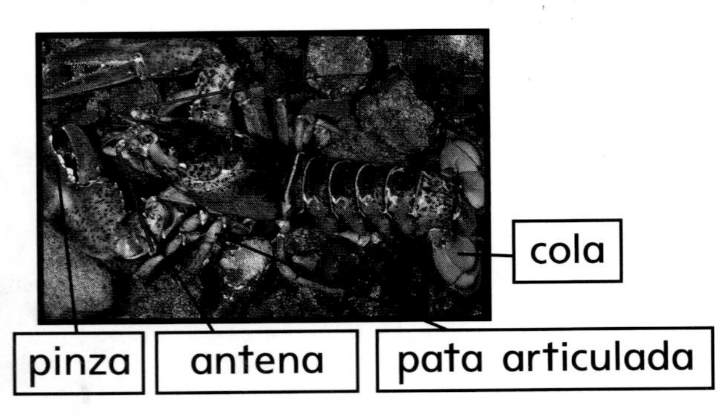

cola 8, 17, 20
color 9
concha 10
crías 6, 14, 21
cuerpo 8
hueco 7
huesos 4
huevos 20, 21
invertebrado 4
mar 6, 16
pata articulada 5
pinza 13